MÉMOIRE

A CONSULTER,

ET CONSULTATION,

POUR F. François-Valentin MULOT, Docteur en Théologie de la Faculté de Paris, Chanoine régulier de l'Abbaye Royale de Saint-Victor, accusé ;

CONTRE le sieur LOQUE, Bijoutier, & le sieur VAUCHER, Horloger, accusateurs ;

EN présence du Baron DE FAGES, du sieur BETTE D'ETIENVILLE, & autres ;

ET encore en présence de M. le Procureur Général.

A PARIS,

De l'Imprimerie de DEMONVILLE, Imprimeur-Libraire de l'Académie Françoise, rue Christine.

M. DCC. LXXXVI.

MÉMOIRE A CONSULTER,

ET CONSULTATION,

POUR *F. François - Valentin* MULOT, Docteur en Théologie de la Faculté de Paris, Chanoine régulier de l'Abbaye royale de Saint-Victor, accusé ;

CONTRE le sieur LOQUE, Bijoutier, & le sieur VAUCHER, Horloger, accusateurs ;

En présence du Baron DE FAGES, du sieur BETTE D'ÉTIENVILLE, & autres ;

Et encore en présence de M. le Procureur Général.

» QUEL rôle a donc joué l'abbé Mulot dans l'affaire
» du baron de Fages & de d'Etienville? Quoi ! il est ques-
» tion d'une accusation d'*escroquerie* ; & un Prêtre, un
» Chanoine régulier, l'ancien Prieur d'une maison vénérable
» est compromis dans ce procès ! son nom s'y trouve mêlé !
» Comment & pourquoi cela est-il arrivé ? Si ces gens-là
» sont des *escrocs*, devoit-il les connoître & avoir des liaisons
» avec eux ? N'a-t-il pas trompé, parce qu'on le trompoit?
» n'est-il pas coupable de quelque légereté, d'une facilité trop

A 2

» grande ? Quoi qu'il puisse dire pour sa justification, il a
» tort au moins de se trouver *en mauvaise compagnie* (1)».

Voilà, je ne l'ignore pas, les propos que tient à présent
une partie du public sur mon compte ; les personnes mêmes
qui me connoissent, mais à qui je n'ai pas eu l'occasion d'expo-
ser ma conduite, toutes certaines qu'elles sont que je n'ai pas
manqué à la probité, craignent peut-être que je n'aye, par
une imprudence, donné lieu à des soupçons : mais de tous
ceux que j'ai éclairés par le récit des faits, conseils, amis,
connoissances ou gens indifférens, il n'en est aucun qui ne
m'ait fait la même réponse : « Votre cause n'est pas difficile
» à défendre ; écrivez seulement ce que vous venez de nous
» dire, publiez-le ; vous couvrez vos accusateurs de ridicule
» & d'opprobre : non seulement vous vous justifiez, mais
» vous vous honorez : le public oubliera bientôt qu'il a pu
» vous soupçonner un moment, ou ne s'en souviendra, que
» pour réparer l'injustice qu'il vous a faite, & vous dédom-
» mager en vous estimant davantage ».

---

(1) Le lecteur s'aperçoit bien que dans ces premieres lignes, &
sur-tout par les mots d'*escrocs*, *de mauvaise compagnie*, j'exprime l'opinion de quelques personnes, non la mienne. Je me trouve trop mal
des jugemens téméraires, pour en hasarder un moi-même. Les sieurs
Loque & Vaucher accusent le Baron de Fages & le sieur d'Etienville
d'être les auteurs d'une *escroquerie*. Ont-ils tort ou raison vis-à-vis de
l'un ou de l'autre, ou seulement vis-à-vis de l'un des deux ? Les
Magistrats me l'apprendront. Ma cause, qui n'en devroit pas faire une,
n'est point du tout liée à celle d'aucun des autres accusés ; ni le Baron
de Fages ni le sieur d'Etienville n'ont jamais été mes amis, ni de ma
société habituelle. A peine ai-je vu le sieur d'Etienville trente fois en
tout ; le Baron peut-être douze ou quinze ; & beaucoup moins les autres personnes intéressées à cette affaire, ou qui s'en sont mêlées.

Ce que les autres me difent, je le vois aifément par moi-même. Auffi n'eft - ce pas feulement aux Magiftrats mes Juges, que la procédure & les informations inftruiront de mon innocence encore mieux que je ne puis le faire ; c'eft à mon ordre, c'eft à ma famille, c'eft à mes amis , c'eft au public que j'adreffe ma juftification.

Lecteur honnête, qui que vous foyez, votre jugement m'importe ; je dépends de vous en ce moment par l'opinion. L'honneur eft le feul des biens de ce monde dont je n'aye pas fait le facrifice ; c'eft pour le conferver, ce bien précieux , que je vais vous foumettre ma conduite : fuivez avec attention, je vous en fupplie, toutes mes démarches ; & fi vous trouvez, après m'avoir lu , que mon exactitude à remplir des devoirs facrés-eft pour moi la caufe premiere de cette défagréable aventure ; fi vous trouvez qu'il n'y a eu dans mes actions & mes paroles , je ne dis point ni crime ni délit , mais pas même une indifcrétion ; fi vous jugez enfin qu'il ne m'eft arrivé que ce qui pouvoit, que ce qui devoit arriver à quiconque auroit été à ma place ; fongez à tout ce que doit fouffrir un innocent calomnié ; fongez au déchirement que j'éprouve, à l'amertume que je dévore depuis près d'un an que cette affaire eft commencée , & adouciffez, par un jufte tribut de fenfibilité & d'eftime, les chagrins qu'elle me caufe.

F A I T S.

Je fuis entré à S. Victor au fortir de l'enfance (1): plein

---

(1) A quinze ans & demi.

6

de refpe&t pour la vie religieufe à laquelle je me confa-
crois, j'ai fenti de bonne heure qu'aucune de mes aétions
ne devoit en démentir la dignité : les premieres années de
ma retraite ont été employées à m'inftruire, à méditer, à me
mettre en état de remplir les fonétions faintes auxquelles je
m'étois deftiné.

Mes efforts n'ont pas été tout à fait infruétueux ; chaque
jour encore j'en fais de nouveaux, pour ajouter à mes foi-
bles talens, & pour payer ma dette à la Religion & à la
Patrie.

Ç'a été fans doute pour encourager & récompenfer mes
travaux, que mon ordre a bien voulu m'honorer de fes
fuffrages pour les places les plus délicates & les plus dif-
tinguées (1) ; enfin les devoirs de mon état, la retraite
& l'étude ; voilà, depuis vingt & un ans, mes occupations,
mon goût, & mes plaifirs.

Je fens bien l'efpece de ridicule attaché à faire ainfi foi-
même fon apologie ; mais, en vérité, mes adverfaires ont
dit de moi tant de mal qui eft faux, que j'efpere que l'on
me pardonnera d'en dire un peu de bien qui eft vrai.

Je menois une vie paifible à la tête de la maifon ref-
peétable dont je fuis membre, lorfqu'un des paroiffiens de
l'abbaye fut arrêté pour dettes & conduit dans les prifons de
l'hôtel de la Force.

L'abbaye de S. Viétor a droit de cure dans fon enclos :
depuis la mort du Curé, mon confrere, arrivée quelque

---

(1) De Maître des novices, de Bibliothécaire, de Profeffeur en
Théologie, de *Chambrier* ou Procureur Général, de grand Prieur,
puis enfin de Curé.

temps auparavant, j'en remplissois les fonctions : à ce titre, il étoit de mon devoir de visiter mon paroissien dans sa prison, de lui porter des secours, au moins des consolations. J'allai voir cet infortuné.

Dans la même chambre que lui étoient trois autres particuliers aussi détenus pour dettes : l'un des trois me fut cité par mon malheureux paroissien, comme un homme qui paroissoit honnête & digne d'un meilleur sort ; j'eus moi-même une conversation avec ce prisonnier : il m'intéressa par sa jeunesse, par la tournure originale de son esprit, par l'apparente simplicité de son caractere, par l'extrême misere où il étoit : une figure ouverte, un ton aisé, des manieres insinuantes, de la facilité & de la grace à s'exprimer ; tout me le faisoit prendre pour un homme bien né. Il se recommande à moi avec vivacité : je m'attendris sur son sort ; je m'informe de ce qu'il doit. Cent écus pouvoient lui rendre la liberté ; cent écus peuvent se trouver pour une bonne œuvre : le désir que j'avois de les obtenir m'en fit concevoir l'espérance. Je m'adresse à une de mes connoissances à qui je sais une ame compatissante : on me procure vingt écus. J'accours, non pas au comble de la joie, mais satisfait d'avoir quelque chose à donner ; je remets les vingt écus à mon jeune & malheureux prisonnier. Il me témoigne sa reconnoissance. Cependant vingt écus ne peuvent le faire sortir de prison. Après avoir pourvu aux besoins de premiere nécessité : *Croyez-vous*, me dit-il, *que votre argent sera pour moi seul ? j'en serois bien fâché : votre générosité me pénetre ; mais je veux que d'autres que moi s'en ressentent*; & , sous mes yeux, il partage la foible somme qui lui restoit avec d'autres infortunés comme lui.

Je n'avois pu le tirer de prifon; mais je femblois lui avoir porté bonheur : une main charitable brifa bientôt fes fers ; & j'eus encore la fatisfaction de l'aider à exprimer, par écrit, fa reconnoiffance à fa bienfaitrice. Non contente de lui avoir rendu la liberté, elle lui faifoit paffer, m'a-t-il dit depuis, quelques fecours qu'il partageoit avec un ami peu aifé, qui avoit lui-même partagé fes peines & fa captivité.

On a déjà deviné, fans doute, que le perfonnage dont je viens de parler eft le fieur *Bette d'Etienville*, que je n'avois jamais vu avant cette aventure : voilà l'origine de ma connoiffance avec lui, voilà pour moi la fource de tant de défagrémens : une vifite dans une prifon ! une œuvre de charité ! ou plutôt un acte de devoir !

On s'attache par fes bienfaits. D'Etienville, forti de prifon, venoit de temps en temps me voir à titre de reconnoiffance; & moi, j'aurois voulu pouvoir faire quelque chofe pour lui, & j'en défirois un peu l'occafion. Cela fe paffoit vers la fin de l'année 1784.

Au commencement de 1785, d'Etienville refte affez de temps fans me faire vifite : il vient enfin. Je lui témoigne toujours le même intérêt ; nous caufons : il me parle d'événemens finguliers, d'efpérances de fortune pour lui ; & m'amene, par fuite de converfation, l'hiftoire d'un mariage qu'il eft chargé de négocier ; me dit qu'il obtiendra protection & récompenfe, s'il le conduit à fa fin : du refte, il ne s'explique point ; il ne peut nommer ni la future ni une perfonne de la premiere diftinction qui s'intéreffe à ce mariage, & de laquelle il tient, quoique fecondairement, fa miffion. Tout ce qu'il m'apprend, c'eft que l'on fera
une

une grande fortune au futur, & que l'on exige qu'il ſoit bon gentilhomme, & qu'il prouve ſa nobleſſe en communiquant ſes titres. A la ſuite de cette demi - confidence, il ajoute, qu'il a déjà commencé de traiter avec un très-bon gentilhomme qu'il me nomme (ce n'étoit pas le Baron de Fages, qui n'a paru que depuis); mais que, ſur l'article de la communication des titres de nobleſſe, on lui a fait une objection à laquelle il ne s'attendoit pas, & qui l'a embarraſſé. « A qui vouloit-il que l'on confiât des pieces » importantes & originales? Seroit - ce à lui, que l'on » connoiſſoit à peine, qui n'avoit point d'état, qui pa-» roiſſoit ne tenir à rien dans ce pays-ci ? Encore s'il eût » indiqué quelqu'un digne de confiance à qui l'on pût » laiſſer un pareil dépôt ſans rien craindre! En cet inſ-» tant, continua - t - il, monſieur le Prieur, j'ai ſongé à » vous; pardonnez - moi la liberté que j'ai priſe de vous » nommer pour dépoſitaire : j'ai cru, d'après les preuves » que vous m'avez déjà données de votre bon cœur, que » vous voudriez bien me rendre encore ce ſervice, qui ne » peut ni vous être fort à charge, ni vous compromettre en » rien ».

Il eſt vraiſemblable que ſi, dès ce moment, j'avois rejeté la propoſition de d'Etienville, je n'aurois pas aujourd'hui de procès : il s'eſt prévalu de ce premier conſentement, pour m'en demander un ſecond. Après m'avoir confié les titres de nobleſſe du futur, il eſt devenu tout ſimple de me confier le *Dédit*, vrai ou ſimulé, lorſqu'il en a été queſtion; & c'eſt ainſi que je me trouve dans l'affaire.

Il falloit donc refuſer dès l'origine, dira quelqu'un; ſans doute, ſi j'avois pu prévoir ce qui eſt arrivé depuis :

mais veuillez bien ne pas me juger d'après l'événement (1); devois-je alors, pouvois - je même ne pas accepter ce dépôt ? Un Prêtre eſt un homme public, & qui
ſe doit à tous ceux qui veulent mettre en lui leur confiance : tous les jours nous nous trouvons chargés ou de
ſommes à reſtituer, ou de papiers importans à conſerver :
des familles nous dévoilent leurs ſecrets, des mourans nous
remettent l'écrit qui contient leurs dernieres volontés, &c...
Toutes ces fonctions délicates, mais honorables, tiennent
à notre miniſtere ; & par cette raiſon, c'eſt une obligation pour nous de les remplir. J'avois de plus, vis-à-vis
de d'Etienville, le motif de vouloir lui rendre ſervice ; il
m'en offroit un moyen ſimple, qui ne me laiſſoit voir,
pour la ſuite, ni déſagrémens ni inquiétudes : j'aurois cru,
en le refuſant, manquer aux promeſſes que je lui avois
faites de le ſervir dans l'occaſion, aux devoirs même de
mon état. Je me bornai donc à lui faire quelques reproches
de s'être ſervi de mon nom ſans mon aveu ; & je conſentis,
ſans beaucoup de difficulté, à ne le point dédire, puiſqu'il
s'étoit ainſi avancé.

Je répete que d'Etienville ne me nomma alors ni la
future, ni celui qui devoit lui fournir les moyens pécu-
niaires de ſon établiſſement.

Au mois de mars, je reçois une viſite inattendue: l'abbé
de S. André, Aumônier de M. le prince de Condé, vint
d'abord ſeul, puis accompagné du Baron de Fages (tous

---

(1) Cette maniere de juger eſt plus commune qu'on ne penſe : ſi
elle n'eſt pas la plus juſte, il faut avouer qu'elle eſt infiniment la
plus commode.

deux m'étoient jufqu'alors abfolument inconnus (1). « Nous
» venons vous prier , me demanda l'abbé de S. André , de
» nous dire fi vous croyez M. Bette d'Etienville honnête
» homme , & vous engager enfuite à faire réuffir , par fon
» moyen , un mariage dont il a dû vous entretenir en faveur
» de M. le Baron de Fages, que voici. M. de . . . . (le gentilhomme dont le fieur d'Etienville m'avoit parlé dans l'origine) s'eft retiré. » —Meffieurs, répondis-je , pour ce qui
» concerne le mariage, permettez - moi de ne pas m'en
» mêler : quant à M. d'Etienville, je le connois depuis fort
» peu de temps ; mais il ne s'eft montré à moi que d'un beau
» côté, & je le crois un galant homme (2) ».

Je crois qu'en m'exprimant ainfi, je n'en difois pas trop
fur le compte d'un homme à qui j'avois vu faire, à l'hôtel de
la Force, preuve de générofité, & qui, dans le peu d'entre-
tiens que nous avions eus enfemble, m'avoit montré des fenti-
mens & de la délicateffe. La charité, la morale, la politeffe
ne me permettoient pas d'en parler autrement.

L'Abbé de Saint-André m'apprit que le Baron de Fages

---

(1) Le fieur d'Etienville a dit, page 4 de fon premier Mémoire ;
que le Baron de Fages *fe réclama de moi auprès de lui.* Ce fait n'eft
point exact, puifque le Baron n'eft venu au contraire chez moi qu'après
avoir vu le fieur d'Etienville. V. le Mém. du Baron de Fages , pag. 9.

D'Etienville a dit ailleurs, *M. Mulot, notre ami commun.* Ce terme
veut être expliqué. J'étois *l'ami* du fieur d'Etienville, comme on l'eft
de quelqu'un que l'on a rencontré par hafard dans une prifon, que l'on
a fecouru , & à qui l'on veut du bien, par la raifon même qu'on lui en a
déjà fait.

(1) Voyez le mémoire du Baron de Fages, pag. 9.

étoit d'une très-bonne maifon : j'eus quelque temps dans les mains un imprimé, contenant l'extrait vérifié aux Etats de Languedoc, de fes titres de nobleffe. Je le communiquai, comme cela fut convenu, à d'Etienville, qui me le rendit, après qu'il eut été, dit-il, fuffifamment examiné. Je l'ai depuis remis au Baron de Fages lui-même.

Ici je fuis obligé de changer un peu de ftyle : comme je veux fur-tout être exact, & que j'ai à parler, à cette époque, de plufieurs chofes que je n'ai fues que par ouï-dire, je ne dirai pas : *telle chofe s'eft paffée*; mais : *on m'a dit que telle chofe fe paffoit* (1).

Ainfi, *l'on m'a dit* (j'entends par *On*, foit le Baron de Fages, foit d'Etienville, qui venoient de temps en temps me voir) que la négociation du mariage étoit commencée, puis en bon train, puis terminée ; que le Baron de Fages étoit agréé, & fort fatisfait de l'être.

On m'a dit que l'époque du mariage, fixée d'abord au 12 avril, étoit reculée par des raifons indifpenfables, dont je n'ai pas demandé l'explication; que le Baron, fâché du retard, avoit demandé au moins quelques fommes d'avance, pour fubvenir à des dépenfes qu'il avoit faites, ou qu'il vouloit faire.

On m'a dit que la future avoit fait le *fameux dédit* en faveur du Baron de Fages (2); mais cependant payable à

---

(1) V. le 1er Mémoire de d'Etienville, pag. 6, 8, 11, & 14. V. auffi le 1er Mémoire du Baron de Fages, pag. 5 jufques & compris la 9e.

(2) Un dédit fait au profit de l'un & payable à l'autre ! Cela a bien quelque chofe de fingulier ; mais l'abbé Mulot n'eft point homme

d'Etienville, qui en avoit fourni fa déclaration ou contre-
lettre au Baron ; que ce dédit auroit lieu, fi le mariage
n'étoit pas conclu au premier août ; qu'il étoit de 3 0,0 0 0 liv.
payables à trois époques & par tiers.

On ne me nommoit toujours point la future ni *l'illuftre
proteéteur* : c'étoit le nom que donnoit d'Etienville à un
Prince, difoit-il, qui fourniffoit la dot.

Enfin, le 3 0 avril 1 7 8 5, le Baron de Fages & d'Etienville
viennent enfemble chez moi. D'Etienville me préfenta une
enveloppe cachetée de cinq cachets : celui du milieu étoit
aux armes du Baron de Fages. (Je reprends le ftyle affirmatif, parce que je ne dirai plus rien qui ne me foit per-
fonnel, & dont je ne fois par conféquent certain.)

Cette enveloppe renfermoit, difoit d'Etienville, le dédit
de 3 0,0 0 0 liv.; & il avoit écrit entre les cachets, qu'il fe
réfervoit *le droit d'ouvrir le paquet & la faculté de le repréfenter.*

Il me prie de garder ce paquet, pour le lui remettre à
toute réquifition. J'y confens : me voilà bien conftitué dépofitaire ; par qui ? Par d'Etienville. Voyons fi j'en ai rempli
fidelement les fonétions.

A l'inftant même de la remife du paquet, je le couvre
d'une feconde enveloppe, que d'Etienville lui-même ferme
de fon cachet, & fur laquelle j'écris ces mots : *Sous cette
enveloppe font des papiers de la premiere conféquence ; en cas
de mort, il faut les remettre à M. de Bette d'Etienville, rue
du Petit Lion, faubourg Saint - Germain, hôtel d'Artois,*

---

d'affaires ; la déclaration donnée par d'Etienville au Baron de Fages,
devoit lui paroître fuffifante : d'ailleurs le Baron s'en contentoit ; il
étoit le feul intéreffé.

chez M. Lefebvre, marchand Vinaigrier. Signé F. MULOT, ex-prieur de S. Victor.

J'ai encore dans les mains cette enveloppe, & je puis la repréfenter ; le cachet de d'Etienville peut fervir à la faire reconnoître.

Après m'avoir remis le paquet, d'Etienville m'en demande un reçu, que je fais en ces termes : *Je fouffigné, Prêtre, Docteur en Théologie, Chanoine régulier, ancien Prieur de l'abbaye royale de faint Victor, reconnois avoir entre mes mains un* PAQUET (1) *fcellé de cinq cachets, dont un eft celui de M. le Baron de Fages, paquet qui, en cas d'accident, feroit remis fur le champ à M. de Bette d'Etienville, rue du Petit Lion, faubourg Saint-Germain, hôtel d'Artois, chez M. Lefebvre, marchand Vinaigrier. Fait à Paris, le 30 avril 1785. Signé F. MULOT, ex Grand* (2) *Prieur de S. Victor.*

---

(1) Remarquez que je n'ai point donné reçu d'un *dédit*, parce que je n'étois pas fûr qu'il y en eût un fous l'enveloppe, mais d'un *paquet.*

(2) Cette fignature me rappelle un menfonge atroce qu'on a répandu contre moi dans Paris.

On a dit, on a voulu perfuader au public que j'avois été *dépofé ignominieufement* de la place de Prieur, comme *déprédateur* des biens de ma maifon. Horrible & ridicule impofture ! La vérité eft que j'ai donné volontairement ma démiffion de cette place le 8 avril 1785, & qu'elle a été acceptée à la pluralité de douze voix contre neuf; mais elle a été fi parfaitement libre & reconnue telle, que, pour m'en donner acte, le chapitre général a voulu que le difcours que j'ai tenu pour demander qu'on acceptât cette démiffion, fût configné dans les regiftres capitulaires ; ce qui a été exécuté : donc je n'ai pas été *dépofé.*

Aucuns deniers ne paffent par les mains du Prieur de Saint-Victor :

Ce fut peu après m'avoir remis le paquet appelé *Dédit*, que d'Etienville me confia, mais fous le fecret, les noms de *l'illuftre protecteur* & de la future : l'un étoit M. *le Cardinal de Rohan* , l'autre , une dame Chanoineffe, à qui il donnoit un nom allemand que ma mémoire s'eft toujours refufée à me retracer ; mais je me rappelle bien qu'il la défignoit auffi par ceux de *Mella de Courville* : il me pria de ne répéter ces noms à perfonne , pas même au Baron de Fages, qui ne devoit, difoit-il, pas encore être inftruit.

J'ai gardé, tant que je l'ai dû, fidelement fon fecret comme fon dépôt.

J'oubliois de dire que la remife entre mes mains du paquet nommé *Dédit*, avoit été précédée de celle de deux billets de mille écus chacun, faits par le Baron de Fages au profit de d'Etienville, pour être donnés par moi à ce dernier, au cas que le mariage réuffît. Ces deux billets que le baron de Fages m'avoit remis à découvert, je les avois enveloppés

---

le Chambrier ou Procureur général de la maifon, quelque ami qu'on le fuppofe du Prieur, ne peut le favorifer pour des déprédations, puifqu'il ne peut faire lui-même aucune dépenfe excédant 50 liv, fans la participation & l'aveu du corps : donc je n'ai pu être *déprédateur.*

Et cependant j'ai fu que mes détracteurs avoient l'impudence , pour donner du poids à leurs fauffes imputations , de s'appuyer de l'autorité de ma maifon ; c'eft tout à la fois une double calomnie contre mon corps & contre moi. . . . . Mais qu'ai-je fait ? Je fuis defcendu juf-qu'à répondre à de pareils reproches ! j'ai bien voulu écrire quelques lignes pour détruire ces atroces abfurdités ! . . . . Applaudiffez-vous, vils calomniateurs ! vous m'avez réduit à me juftifier.

& cachetés ; & fur l'enveloppe j'avois écrit : *Ceci appartient à M. de Fages ; on peut, en cas de mort, le remettre à M. l'abbé de S. André, Aumônier de M. le Prince de Condé, rue du Bout du Monde.*

Toutes ces précautions de ma part annoncent, ce me femble, autant de prudence que de probité & de bonne foi.

On va voir fi j'ai continué comme j'avois commencé.

Il n'y avoit pas long-temps que le dépôt étoit dans mes mains, quand d'Etienville amena chez moi un particulier : c'étoit le fieur Vaucher, horloger, qui, tout prêt à faire des fournitures de marchandifes au Baron de Fages, venoit s'affurer par fes yeux fi le dépôt dont on lui avoit parlé exiftoit dans mes mains. J'ouvris un fecrétaire, je montrai au fieur Vaucher le paquet, & lui dis que d'Etienville, qui étoit préfent, me l'avoit remis cacheté ; que puifqu'ils venoient tous les deux enfemble, d'Etienville lui avoit dit fans doute, comme il me l'avoit dit à moi-même, le contenu de ce paquet.

Le lendemain de cette vifite, le fieur Vaucher, qui infifte beaucoup aujourd'hui fur la confiance que j'ai dû lui infpirer, me fit cependant l'honneur de foupçonner que la préfence de d'Etienville avoit pu me porter à quelque complaifance aux dépens de la vérité ; il revint feul, & recommença les questions de la veille : Je répondis que *d'Etienville m'avoit remis le paquet cacheté, en me difant qu'il contenoit un dédit de 30,000 liv. payables à trois époques & par tiers ; que des cinq cachets qui fermoient l'enveloppe lorfque le paquet m'avoit été remis,*

celui

celui du milieu étoit aux armes de M. de Fages. Il examina le paquet, lut ce que j'avois écrit fur l'enveloppe, à travers laquelle il tâta les cinq cachets qu'il ne pouvoit voir.

Je ne fais jufqu'à quel point le fieur Vaucher a compté fur ce dédit qu'il n'avoit point vu, que je ne pouvois pas lui montrer, qui, le mariage ayant lieu, devenoit nul *ipfo facto ;* mais ce que je fais bien aujourd'hui, & ce qu'il avoue lui-même (1), c'eft qu'avant de livrer fes marchan-difes, il s'eft fait faire pour le montant du prix, par le Baron de Fages, *une lettre de change antidatée & qui paroiffoit échue,* qui a été convertie enfuite en une obligation paffée devant Notaires, dans laquelle il a ftipulé expreffément qu'il auroit *la contrainte par corps* contre le Baron, & s'eft fait donner en outre le cautionnement de d'Etienville.

Peu de jours après le fieur Vaucher, vint le fieur Ber-nard, autre marchand : pour celui-ci il avoit déjà fait des livraifons au Baron de Fages, qu'il connoiffoit depuis treize ou quatorze ans ; il a même dû dépofer *qu'il avoit entendu parler, au mois d'avril 1785, à un Garde du Corps, ami, a-t-il dit, de lui Bernard, d'un mariage très-prochain & très-avantageux pour le Baron ; qu'il avoit été trouver celui-ci, lui avoit repréfenté qu'il auroit fans doute befoin de différentes marchandifes pour ledit mariage, & lui avoit de-mandé la préférence :* auffi me témoigna-t-il peu d'inquiétude fur les fournitures qu'il avoit déjà faites, & fur celles qu'il

---

(1) Le fieur Vaucher a avoué ce fait dans fa feconde plainte rendue devant M. le commiffaire Dorival, le 15 novembre 1785.

C

fe propofoit de faire encore. « Je craindrois, me dit-il ,
» que M. le Baron ne fût inftruit de ma démarche auprès
» de vous ; je ne veux pas avoir un air de défiance à fon
» égard ; je viens feulement favoir s'il exifte réellement
» entre vos mains un dépôt à fon profit ». Je répondis
comme au fieur Vaucher , faifant bien entendre que j'avois
reçu le dépôt cacheté , & que je ne favois que par d'Etienville , & par le Baron de Fages qui en paroiffoit perfuadé ,
qu'il contînt un dédit de 30,000 liv. en fa faveur. Le
fieur Bernard lui-même n'a pas ofé , dans fa dépofition ,
méconnoître tout-à-fait la vérité ; il A DU DÉPOSER (dans un
ftyle cependant qui , à coup fûr, n'eft pas le mien) que je
lui ai répondu *que j'avois effectivement un dédit d'une fomme*
CONSÉQUENTE, *que* JE CROYOIS *être de 30,000 l.* Voilà effectivement à peu près ce que j'ai dit au fieur Bernard & aux
deux autres marchands qui font venus me trouver. J'ai dit ,
non pas que le *dédit* étoit de 30,000 liv. , puifque je ne
l'avois pas vu & qu'il m'avoit été remis fous cinq cachets ,
pour le rendre dans le même état , mais *que* JE CROYOIS qu'il
étoit de 30,000 liv. , & que je le croyois ainfi , pour
l'avoir entendu dire au Baron de Fages & à d'Etienville.

Le 31 Juillet, ce fut le tour du fieur Loque. Quant à
lui, il ne venoit certainement pas favoir de moi s'il pouvoit
fournir en fûreté des marchandifes au Baron de Fages ; car
toutes fes fournitures, qui montent , dit-il, à 20,000 l. ,
étoient faites dès les 12 & 13 avril & le mois de mai
précédens, c'eft-à-dire, plus de deux mois avant qu'il me
vît pour la premiere fois ; & cependant il s'eft réuni au
fieur Vaucher , pour imprimer & publier contre moi des
faits faux & calomnieux ! Il a le front d'avancer que c'eft

d'après ce que je lui ai dit, d'après la confiance que je lui ai infpirée qu'il a fait les fournitures ! Il n'y fonge pas. Comment cela fe peut-il, puifqu'il eft vrai, puifqu'il avoue lui-même ne m'avoir vu, pour la première fois, que deux mois après fes fournitures faites ? Conçoit-on une calomnie auffi mal adroite, une impofture auffi groffière (1) ?

Cependant le mariage, fur lequel les marchands comptoient, pour être payés, bien plus que fur le dédit, ne fe concluoit point. D'Etienville, qui venoit me voir de temps

---

(1). Il paroît que quatre fourniffeurs, Loque, Vaucher, Bernard, & Thiebault, tailleur, ont livré des marchandifes au Baron de Fages.

Loque avoit livré les fiennes deux mois avant de venir me trouver pour la première fois.

Encore à préfent, je n'ai point vu Thiebault ; je ne lui ai parlé de ma vie.

Bernard avoit couru *demander la préférence* au Baron de Fages, qu'il connoiffoit depuis treize ou quatorze ans, pour lui faire des fournitures ; & de celles qu'il a livrées, la plus grande partie l'étoit avant qu'il vînt me demander des éclairciffemens.

Vaucher eft le feul qui m'ait interrogé avant de fournir ; je lui ai dit ce que je favois, & comment je le favois : rien de plus.

Je trouve cependant dans une note du Mémoire des fieurs Loque & Vaucher, ces expreffions peu décentes fur mon compte : *Cet Eccléfiaftique avoit la charité de cautionner tous les marchands qui fe préfentoient, fur ce dédit, qu'il prétend aujourd'hui n'avoir jamais vu !* . . . . On vient de voir comme j'ai *cautionné tous les marchands :* j'ai cautionné apparemment ceux mêmes que je n'ai jamais vus. Que la défenfe eft facile contre de pareilles calomnies ! mais que la néceffité même de fe défendre eft pénible pour une ame honnête !

en temps , me donnoit toujours quelque raifon nouvelle du retard.

Les fourniffeurs paroiffoient s'impatienter ; le fieur Bernard (qui n'a pas rendu plainte) me faifoit des vifites affez fréquentes : je ne pouvois que lui répéter ce que d'Etienville m'avoit dit : — *Mais ce d'Etienville eft-il un honnête homme ?* — Je n'ai point de raifon de foupçonner fa probité. — *Quel eft celui des deux contraɗans que vous connoiffez ?* — Je ne connois M. de Fages que pour l'avoir vu venir plufieurs fois chez moi. — *C'eft donc la future?* — Je ne connois que M. d'Etienville qui fe dit fon agent. — *Les perfonnes qui ont figné le dédit font-elles folvables?* — Je n'ai pas vu les fignatures ; le paquet m'a été remis cacheté, pour le rendre dans le même état. — *Mais du moins le proteɗeur & la protégée font-ils en état de payer ?* — Le proteɗeur , dont M. d'Etienville m'a donné le nom fous le fegret , eft en état de payer : pour la protégée , je l'ignore. — *Quand donc fe fera le mariage?* — J'attends à chaque inftant (1).

Enfin un des jours de la huitaine d'avant l'Affomption, d'Etienville arrive. « Pour le coup , me dit-il , tout va fe » conclure ; le 16 eft le terme invariablement fixé pour le » mariage. Je viendrai vous prendre ; tenez-vous-prêt. Voici » ce qu'on m'a donné pour les frais du voyage ». Il me

______

(1) J'attendois en effet : le Baron de Fages m'ayant invité , à titre d'honnêteté , à lui donner la bénédiɗion nuptiale, j'avois accepté l'invitation ; & l'on devoit venir me prendre pour me conduire au château de la dame, où l'on avoit arrêté que fe feroit la cérémonie. On voit bien que je ne parle toujours que d'après le Baron de Fages & d'Etienville.

montroit des billets de caiffe , ou de l'argent comptant ; je ne fuis pas fûr lequel des deux.

Puis il me remit mon reçu, me demanda le dépôt qu'il m'avoit confié, & le dépouilla lui-même de la premiere enveloppe que j'y avois mife , & qu'il avoit fcellée de fon cachet : cette enveloppe m'eft reftée (1).

Le 13 août, Bernard, l'un des fourniffeurs, m'écrivit pour me demander des nouvelles pofitives *au fujet du mariage en queftion ; vous m'obligerez infiniment*, portoit fon billet, *de me faire favoir s'il eft fait, ou quel jour il doit fe faire* , SI VOUS LE SAVEZ. Je répondis ce que je favois, que d'Etienville m'avoit dit qu'il fe feroit le 16.

Le 16 fe paffa ; je n'entendis point parler de d'Etienville , & j'appris , avec tout Paris , ce qui étoit arrivé la veille à M. le Cardinal de Rohan.

Le lendemain 17 , je vois le fieur Vaucher entrer chez moi. « D'Etienville eft un fripon , me-dit-il ; il s'eft enfui » dimanche; je viens de chez R.... fon ami ; j'y ai trouvé une » lettre timbrée de Péronne : voici l'enveloppe ». Je fus peu furpris de cette fuite : je l'expliquai tout naturellement par l'idée que d'Etienville avoit preffenti peut-être la détention de M. le Cardinal , dont il m'avoit dit plufieurs fois être l'agent fecondaire. Quant aux motifs de la détention de l'un , qui me fembloit pouvoir occafionner la fuite de l'autre , c'étoit pour moi un profond myftere qu'il ne m'appartenoit pas de vouloir pénétrer.

____

(1) J'ai montré l'enveloppe & le reçu à M. de Vergennes le 22 août 1785 ; ainfi , l'on ne dira pas que l'une ni l'autre de ces pieces ait été faite après coup, & exprès pour ma défenfe.

Le 18 ou le 19, le Baron de Fages vint, fort affligé, me communiquer une lettre qu'il avoit reçue de d'Etienville : *Madame juroit* (1) *, & il la croyoit, qu'elle ne vouloit pas rompre . . . ; & elle l'avoit enlevé comme un corps saint.* Je liois toujours cette difparition à la difgrace de M. le Cardinal.

Comme d'Etienville indiquoit une adreffe pour lui faire paffer la réponfe à fa lettre, le Baron m'engagea auffi à lui écrire ; je le fis. Ma lettre, que le Baron de Fages a vue, contenoit des réflexions auffi vraies que vivement exprimées fur les foupçons que faifoit naître fa fuite. Je lui peignois fur-tout l'état d'anxiété où il laiffoit le Baron ; je le preffois de fe juftifier en s'expliquant, & de faire connoître les vrais motifs de fa fuite. J'ignore fi cette lettre eft parvenue à fa deftination ; mais je n'ai point eu de réponfe.

Le 21 août, je reçus une lettre de M. le Comte de Vergennes, qui me mandoit de me rendre à Verfailles le 22 pour lui parler. Je me rendis à l'audience indiquée, avec la feule crainte inféparable de l'idée de paroître devant un homme juftement célèbre, devant un grand Miniftre ! Son affabilité m'eut bientôt raffuré. Je lui expofai naïvement tout ce que je viens de raconter : lui-même étoit affez inftruit de l'affaire, pour être pleinement convaincu de mon innocence ; il voulut bien m'apprendre que le Baron de Fages & le Chevalier de Précourt avoient obtenu un paffe-port pour courir fur les traces de d'Etienville ; que deux marchands venoient de fe plaindre du paffe-port accordé, & d'expofer vivement leurs griefs con-

---

(1) Voyez le Mémoire du Baron de Fages, pag. 16 & 17.

tre le Baron ; enfin il ne dédaigna pas de me munir de confolations contre le défagrément que je trouvois à voir mon nom mêlé dans une affaire où je n'avois aucune efpece d'intérêt , & où réellement je n'avois joué qu'un rôle paffif & indifférent.

Au mois de feptembre , j'appris , par un ami du Baron de Fages , que fes recherches & celles du Chevalier de Précourt n'avoient pas été infructueufes ; qu'ils s'étoient affurés de la perfonne de d'Etienville, & qu'ils alloient le ramener. J'avoue que j'eus l'efpece de foibleffe d'être prefque auffi fatisfait , en apprenant qu'il étoit arrêté, que je l'avois été de le favoir libre , lorfque j'avois cherché à le tirer de fa premiere captivité : tant je défirois de voir l'affaire s'éclaircir! tant j'étois certain que je ne pouvois que gagner à l'éclairciffement !

.Peu de jours après , arriva le Chevalier de Précourt , qui m'annonça que d'Etienville lui avoit remis tous fes papiers , & entre autres un hiftorique du mariage , écrit de fa propre main : M. de Précourt me fit la lecture de cette piece , & me pria de permettre qu'il me préfentât d'Etienville lui-même.

Je le reçus à la porte de la maifon , ne voulant pas lui accorder l'entrée de chez moi, après ce qui s'étoit paffé , & dans les circonftances où nous nous trouvions. M. de Précourt fut témoin de cette réception ; & j'attefte fa véracité fur la maniere féverement honnête dont je parlai à d'Etienville.

Je remis au Baron de Fages , le 1ᵉʳ. novembre fuivant, les deux billets de mille écus chacun qu'il m'avoit confiés , pour être délivrés par moi à d'Etienville , en cas de réuſſite du mariage ; il m'apprit en même temps qu'il étoit arrangé avec ſes créanciers.

Cette affaire ſembloit aſſoupie, quand je fus inſtruit que deux des marchands qui avoient fait des fournitures au Baron (les ſieurs Loque & Vaucher), avoient rendu plainte d'abord chez M*e*. Chenon fils le 20 août, & enſuite chez M*e*. Dorival le 15 novembre 1785.

Le 7 janvier 1786, il m'a été ſignifié un décret d'aſſi-gné pour être ouï, rendu par le Lieutenant riminel du Châtelet : j'en ſuis appelant, & toute l'affaire eſt évoquée en la Cour.

Tels ſont les faits que j'avois à expoſer.

M O Y E N S.

Afin que mes lecteurs puiſſent me ſuivre plus aiſément dans mes réflexions, que j'appelle *moyens*, je vais les leur préſenter avec méthode, & ſous une diviſion toute ſimple, mais qui ſervira du moins à ſoutenir & à repoſer leur attention.

1°. J'établirai que je ne ſuis point coupable dans l'ordre judiciaire, puiſque je n'ai manqué à aucune loi, ni commis aucun délit.

2°. Je ferai voir que je ne ſuis point blâmable dans l'ordre des procédés, puiſque je n'ai rien fait de contraire à la délicateſſe.

3°. Après avoir ainſi détruit les accuſations & écarté les reproches, je mettrai ſous les yeux de mes conſeils & du public, les faits calomnieux, les imputations auſſi fauſſes qu'indécentes que les ſieurs Vaucher & Loque ont

Imprimées

imprimées & publiées contre moi, & je demanderai fi je n'ai pas le droit d'exiger d'eux des réparations, moi qu'ils ont indignement outragé, diffamé, lorfque je devois être à l'abri, non feulement de la plainte, mais même du foupçon.

§. Ier.

Je ne fuis point coupable dans l'ordre judiciaire , puifque je n'ai manqué à aucune loi , ni commis aucun délit.

J'ai beau chercher dans toute ma conduite l'apparence d'un *délit*; j'avoue qu'il m'eft impoffible de l'apercevoir.

En effet, je n'ai joué dans cette affaire qu'un rôle purement paffif; l'envie d'obliger le fieur d'Etienville a été mon unique motif; l'exactitude à remplir les fonctions dont je m'étois chargé a été ma feule regle ; & quelqu'animofité que les fieur Loque & Vaucher aient montrée contre moi , ils m'ont au moins épargné l'indignité de me fuppofer un intérêt dans la fraude qu'ils prétendent qu'on leur a faite.

J'ai reçu un dépôt : y a-t-il quelque loi qui me défendît de le recevoir? mon état ne me l'ordonnoit - il pas plutôt en quelque forte? &, comme je l'ai déjà dit, un Prêtre ne fe doit-il pas à tous ceux qui veulent mettre en lui leur confiance?

J'ai rendu ce dépôt : à qui ? A celui dont je le tenois. Ai-je encore en cela violé quelque loi ? ou plutôt ne me fuis - je pas conformé à la premiere de toutes en fait de dépôt ?

D

Les sieurs Vaucher & Loque m'ont cité, dans leur Mémoire, l'Exode, & le Digeste, & le Code, & Domat touchant le dépôt ; ils n'ont rien oublié, que la définition de ce contrat, qu'ils ont dû voir dans ce même Domat dont ils invoquent l'autorité.

« Le dépôt , dit ce Jurisconsulte , est une convention » par laquelle une personne donne à une autre quelque » chose en garde , *& pour la lui rendre quand il lui plaira* » *de la retirer* ».

Et puisqu'on m'a cité des lois , j'en citerai aussi.

» *Depositum est quod* custodiendum *alieni datum est. L.* 1. *ff. dep.* (1).

» *Est autem & apud Julianum libro tertio decimo Digesto-* » *rum scriptum , eum qui rem deposuit ,* statim *posse depositi* » *actione agere :* hoc enim ipso dolo facere *eum qui susce-* » *pit,* quod reposcenti rem non reddat. *L.* 1 , *S.* 22, *ff. dep.* (1).

La *premiere* loi du dépôt est donc que le dépositaire est obligé de rendre au déposant , à sa premiere réquisition, aussi-tôt , *statim ,* l'objet déposé ; & c'est *un dol* de ne pas le lui remettre lorsqu'il le redemande ; *hoc enim ipso dolo facere eum qui suscepit quod reposcenti rem non reddat.*

---

(1) Le dépôt est ce qui est donné à quelqu'un *pour le garder.* Loi premiere, Dig. du dépôt.

(2) Il est écrit dans Julien , au livre 13 des Digestes, que celui qui a déposé une chose peut *aussi-tôt* intenter l'action du dépôt pour la retirer ; car c'est un *dol* de la part du dépositaire de ne pas rendre la chose au déposant qui la lui redemande. Loi premiere , Dig. du dépôt.

Cela posé, voyons comment les sieurs Loque & Vaucher raisonnent. Dans un chapitre qu'ils m'ont fait l'honneur de me consacrer dans leur Mémoire, on voit que j'avois, disent-ils, dans les mains, un paquet cacheté contenant un dédit de 30,000 livres, qui m'avoit été remis par le sieur d'Etienville à titre de dépôt : mais j'ai dit aux sieurs Loque & Vaucher que j'avois ce dépôt dans les mains ; dès ce moment, & après cette parole sortie de ma bouche, l'objet déposé leur a *appartenu*, ils sont *devenus déposans, & je suis resté dépositaire ;* je répete fidelement leurs expressions (1).

Et comme j'ai rendu *leur* dépôt sans leur participation, je suis un dépositaire infidele ; j'ai commis un larcin, ou à peu près ; & c'est là qu'on fait venir les lois divines & humaines sur les devoirs des dépositaires !

J'ai cité la loi aussi, & un peu plus à propos, je crois, que les sieurs Loque & Vaucher : mais comme il n'est point question entre nous d'un point de droit, & qu'il ne s'agit que d'un fait, laissons l'érudition, & parlons simple bon sens.

Quel est le déposant, je vous prie, si ce n'est celui qui dépose ? Quand j'ai dit aux sieurs Vaucher & Loque que j'avois dans les mains un paquet cacheté *que le sieur d'Etienville m'avoit assuré être un dédit de 30,000 livres*, ne conviennent-ils pas que j'ai ajouté que ce paquet étoit un dépôt que le sieur d'Etienville m'avoit remis ? C'étoit donc à lui que je devois le rendre : aussi bien ne pouvois-je

____

(1) Voyez le Mémoire des sieurs Loque & Vaucher, page 73.

D ij

pas en toucher le montant; c'étoit le fieur d'Etienville, & non pas moi, qui devoit le recevoir, au cas qu'il fût payé; c'étoit lui, & non pas moi, qui devoit répondre à la confiance que les marchands avoient eue dans lui & dans le Baron de Fages, & acquitter les fournitures qu'on leur avoit faites avec les fonds provenant de ce dédit; & fi le mariage avoit lieu, le dédit ne devenoit-il pas nul *ipfà faâo*? Pour moi, encore une fois, à qui en étois-je comptable? Au fieur d'Etienville, qui me l'avoit remis de confiance, qui pouvoit me le redemander tous les jours, à tous les momens, & qui, fi j'avois refufé de le lui rendre, auroit eu beau jeu pour m'accufer d'infidélité, & pour me citer toutes les lois du dépôt, dont les fieur Loque & Vaucher ont fait fi mal à propos l'étalage.

Les fieurs Vaucher & Loque pouvoient-ils même former une oppofition dans mes mains à la remife du dépôt? Et moi, qui l'avois accepté de confiance, gratuitement, pour obliger, que rien ne forçoit à en déclarer l'exiftence, qui n'avois fait que prêter, pour ainfi dire, à d'Etienville un endroit pour le ferrer, dans la crainte qu'il avoit de le perdre, aurois-je pu, aurois-je dû recevoir une pareille oppofition? C'eft une queftion que je laiffe à réfoudre aux Jurifconfultes; elle eft ici abfolument indifférente, puifqu'il eft de fait qu'on n'a point tenté cette voie, ni formé oppofition en mes mains à la remife du dépôt. Il a donc toujours été entièrement libre; j'ai donc toujours dû le remettre à la premiere réquifition du dépofant. Les fieurs Vaucher & Loque fe plaignent que j'ai manqué aux devoirs de dépofitaire; ils fe trompent, ils devroient fe plaindre de ce que je les ai trop bien remplis.

Me demandera-t-on pourquoi j'ai rendu ce dédit, au moins sans en prévenir le Baron de Fages qui y étoit inté- reffé ? Je répondrai : parce que le fieur d'Etienville m'avoit remis le paquet en fa préfence , & lui avoit fait voir ce qu'il avoit écrit fur la premiere enveloppe entre les cinq cachets qui le fermoient , qu'*il fe réfervoit le droit d'ouvrir le paquet & la faculté de le repréfenter ;* parce que j'avois fait mon reçu (que le Baron de Fages avoit lu auffi) au nom du fieur d'Etienville , & que j'avois écrit fur la feconde enveloppe , toujours en préfence du Baron de Fages , qu'en cas de mort, ce paquet devoit être remis au fieur d'Etien- ville. Ainfi, de l'aveu même du Baron de Fages & par une forte de convention tacite avec lui , je n'étois comptable du dépôt qu'au fieur d'Etienville , de qui je le tenois ; & je devois le lui remettre fur fa premiere demande , fans avoir befoin d'aucune autre autorifation.

Je réponds à cette objection , parce que quelques per- fonnes pourroient la faire , faute d'avoir pris garde aux cir- conftances que je viens de rappeler. Quant au Baron de Fages , le feul intéreffé , il ne l'a point faite , & ne la fera point , parce qu'il fait bien que je n'ai point dû l'avertir.

Mais fi je n'ai commis de délit ni en recevant ni en rendant ce dépôt , n'ai-je pas induit en erreur les marchands qui font venus m'interroger ? Ne leur ai-je pas *affuré* que ce dépôt contenoit un dédit , un dédit de 30,000 livres ; qu'il feroit infailliblement payé , que je connoiffois les per- fonnes qui l'avoient figné , qu'elles étoient folvables , qu'il n'y avoit rien à rifquer , & qu'ils pouvoient avec **toute**

confiance faire des fournitures fur ce gage , dont je ne me
deffaifirois pas, fans les avoir fait prévenir ?

Voilà ce qu'ils foutiennent que je leur ai dit ; & moi
je le nie formellement. Je foutiens que j'ai dit *que le
paquet m'avoit été remis cacheté, & pour le rendre dans le
même état;* que par conféquent je n'en avois pas vu l'in-
térieur ; que le fieur d'Etienville m'avoit dit qu'il renfermoit un dédit de 30,000 l.; que j'ignorois fi la future, dont
il m'avoit donné le nom fous le fecret, étoit folvable ; que
fon protecteur , qu'il m'avoit nommé auffi myftérieufement,
étoit très en état de payer; qu'enfin lui fieur d'Etienville &
le Baron de Fages m'étoient peu connus, mais que je n'avois
point de raifon de foupçonner leur probité, & qu'ils me paroiffoient d'honnêtes gens.

Qui faut-il croire des fieurs Loque & Vaucher, ou de
moi ? J'obferve d'abord que la vraifemblance eft en ma faveur : car fi l'on m'a remis *le paquet cacheté* (1) , fi je l'ai
rendu comme on me l'avoit donné, il eft au moins vrai-
femblable que je n'ai pas pris fur moi de parler fciemment
& d'une maniere certaine de ce que renfermoit ce paquet
que je n'ai pas ouvert.... Mais pourquoi parler de vraifemblance ? Ce font des preuves qu'il faut , & j'en ai de
complettes.

---

(1) Le fieur Vaucher convient , page 21 de fon Mémoire, que je
lui ai montré le paquet *cacheté*, non pas cependant de cinq cachets ,
comme il le dit ; il ne put les voir, puifqu'ils étoient fur la premiere
enveloppe ; il vit feulement la feconde, que j'avois mife par-deffus, &
qui étoit fermée d'un feul cachet , de celui de d'Etienville.

Ce n'eſt point ſur les allégations de mes accuſateurs, ce n'eſt pas ſur mes réponſes qu'il faut me juger ; c'eſt ſur l'information. Sept témoins ont été entendus.

De ces ſept témoins, trois ſont perſonnellement intéreſſés dans l'affaire, les deux frères Bernard, marchands, & le ſieur Thiebault, tailleur, qui ont fait des fournitures : n'importe ; je ne redoute point leurs dépoſitions.

Etienne Bernard, l'aîné des deux freres, a dû dépoſer qu'en ce moment encore il ne m'a jamais vu, il ne m'a jamais parlé ; cependant il m'a fait tenir, dans ſa dépoſition de longs diſcours & tels qu'il a voulu ; mais il a dû dépoſer auſſi, ſinon en termes exprès, au moins implicitement, qu'il ne le faiſoit que par ouï-dire, qu'il répétoit ſeulement de mémoire ce qu'il avoit entendu ou croyoit avoir entendu dire à ſon frere Pierre Bernard, le ſeul qui ſoit venu me trouver, m'interroger ſur le dédit, &c... Il faut donc mettre de côté cette dépoſition du frère, *qui a ouï-dire*, pour examiner celle du frere *qui a dit.*

Qu'a donc dépoſé le frere, Pierre Bernard ? Que je lui ai dit *que j'avois effectivement un dédit d'une ſomme conféquente, que je croyois être de 30,000 liv.* Voilà le mot que j'ai pu dire, voilà le mot important ! Je n'ai pas dit que *je ſavois*, mais que *je croyois* que le dédit étoit de 30,000 liv.; & je le croyois ; parce que le ſieur d'Etienville me l'avoit dit; & je citois mon auteur. Si Pierre Bernard m'a fait ajouter quelques phraſes d'un ton plus affirmatif, s'il m'a fait dire que le Baron de Fages alloit faire un mariage avantageux, & qu'on pouvoit lui fournir en toute ſûreté des marchandiſes, vous verrez qu'il a omis pour cette fois ce mot ſi eſſentiel que *je croyois :* mais il fuffit qu'il l'ait prononcé à l'article important, à l'article du dédit, pour que l'on juge dans quel efprit je lui ai toujours parlé, & que je n'ai rien affuré, parce que je n'étois fûr de rien (1).

Thiebault, tailleur, n'a pas dû dépofer que je l'aye induit en erreur, pour l'engager à faire des fournitures, puifque je fuis encore à le voir pour la premiere fois.

Des quatre autres témoins, aucun, cela eft certain, n'a dû dépofer qu'il m'ait entendu parler d'un maniere affirmative du contenu du paquet cacheté, du montant du dédit, de la folvabilité de la future, &c.... Ainfi, des fept témoins que les fieurs Loque & Vaucher ont fait entendre, un feul s'explique fur la partie de leur accufation qui peut me concerner ; s'il m'étoit contraire, je pourrois l'écarter, parce qu'il eft *feul* & qu'il eft *intéreffé :* mais non ; il m'eft favorable, il dit précifément ce qu'il faut qu'il dife pour me juftifier ; & j'invoque le filence même des autres, puifqu'il en réfulte que les fieur Loque & Vaucher n'ont pas l'ombre d'une preuve ni d'une préfomption à l'appui de l'accufation qu'ils m'ont intentée. . . . Et j'ai un procès ! & ils me forcent de me défendre en face du public ! & ils me rendent

---

(1) Il eft vrai que, dans la fuite de fa dépofition, Pierre Bernard m'a fait parler des caufes des différens retards qu'éprouvoit le mariage, comme en ayant une connoiffance perfonnelle ; il me prête même quelques phrafes, qu'à coup fûr je ne lui ai pas dites ; cela vient, ou de ce qu'il m'attribue ce qu'il a pu entendre dire à d'autres, ou de ce qu'il oublie que je ne lui ai jamais parlé affirmativement, mais toujours en difant que *je croyois, qu'on m'avoit dit ;* d'ailleurs il eft témoin *unique* & *intéreffé.*

fufpect

ſuſpect à mon Corps, à ma famille, à mes amis! & j'écris en ce moment ma juſtification !

Ajouterai-je encore quelques circonſtances qui prouve-ront de plus en plus combien les ſieurs Loque & Vaucher ſont éloignés d'avoir des plaintes à faire contre moi, com-bien il s'en faut que ce ſoit la confiance que je leur ai inſpi-rée, qui les a déterminés à faire les fournitures?

On voit par la plainte même du ſieur Loque, rendue le 20 août 1785, devant M^e. Chenon fils, qu'il a fait con-noiſſance avec le Baron de Fages, pour s'être trouvé, le 5 avril 1785, à dîner avec lui chez un perſonne honnête, qu'il appelle lui-même, dans ſon mémoire, un *homme reſ-pectable ;* qu'il fut queſtion à ce dîner du mariage prochain du Baron (1), & des fournitures de bijoux à faire à cette occa-ſion ; & que le maître de la maiſon le recommanda au Baron pour ces fournitures. Voilà la vraie origine de la confiance du ſieur Loque, qui effectivement avoit livré au Baron de Fages toutes les marchandiſes deux mois avant de venir me voir pour la premiere fois.

Auſſi m'a-t-il rendu juſtice dans ſes deux plaintes ; & comment ? En n'y prononçant pas mon nom.

Le ſieur Loque a eu ſoin de ſe faire faire une obligation devant Notaires ; cette obligation a été ſouſcrite par le Baron

---

(1) Dans ſon Mémoire, pag. 10, le ſieur Loque dit *que le 6 avril* 1785, *il vit arriver chez lui le Baron de Fages, accompagné de l'abbé de Saint-André & du ſieur d'Albiſſy ; & que pour la premiere fois il entendit parler du mariage.* Ce fait eſt faux & démenti par ſa plainte même du 20 août ; c'eſt au dîner qu'il en a entendu parler *pour la premiere fois ;* c'eſt l'autorité du maître de la maiſon, *homme reſpectable ,* & non celle d'inconnus, qui lui a inſpiré de la confiance.

E

de Fages, sous le cautionnement du sieur d'Etienville.

Quant au sieur Vaucher, il avoue naïvement dans son Mémoire, qu'il ne vouloit fournir qu'avec *des sûretés indépendantes du mariage* (1); mais ce qu'il n'a garde d'avouer au public, quoiqu'il en soit convenu dans sa seconde plainte, c'est qu'il lui falloit d'autres sûretés qu'un dédit, acte conditionnel & dont le payement ne pouvoit être certain. Le sieur Vaucher paroît trop entendu, pour prêter sur un aussi mauvais gage : il s'en fit donner un bien meilleur ; ce fut la liberté même du Baron de Fages. Celui-ci souscrivit une lettre de change *antidatée* ; on la convertit en une obligation, dans laquelle le sieur Vaucher eut soin de faire soumettre son débiteur à *la contrainte par corps* ; & pour surcroît d'assurance, il exigea encore le cautionnement du sieur d'Etienville.

On est actuellement en état de juger si j'ai induit les sieurs Loque & Vaucher en erreur, & d'apprécier le degré de confiance qu'ils prétendent aujourd'hui que je leur ai inspiré.

§. I I.

Je ne suis point blâmable dans l'ordre des procédés, puisque je n'ai rien fait de contraire à la délicatesse.

Cette partie de ma justification, très-inutile dans l'ordre judiciaire, faite seulement pour prouver que je n'ai commis aucune espece de faute, doit montrer combien j'ai à cœur l'opinion publique, combien je souffrirois de penser qu'il pût rester, à qui que ce fût, l'ombre d'un soupçon

______

(1) Pag. 21 du Mémoire des sieurs Loque & Vaucher.

fur ma conduite. Et quelle ame affez baffe fe réfout à fe paffer d'eflime, de confidération? Qui peut braver le mépris, eft tout près de le mériter.

J'ai établi que je n'étois coupable d'aucun *délit.* Je vais prouver que je n'ai pas même un *tort* à me reprocher; je n'ai befoin pour cela que de rappeler fucceffivement tout ce que j'ai fait, tout ce que j'ai dit, & de m'en rapporter à l'opinion du lecteur éclairé & impartial.

Ai-je eu *tort* d'aller voir mon paroiffien en prifon?

Ai-je eu *tort* de m'intéreffer à un autre prifonnier, que je ne connoiffois pas à la vérité, mais qui me fut recommandé par mon paroiffien, comme honnête, & qui me parut tel, lorfque je lui eus parlé moi-même?

Ai-je eu *tort,* quand j'ai fu que cent écus pouvoient tirer ce malheureux de la prifon où il étoit, pour une caufe qui n'avoit rien de honteux, de chercher à lui procurer la fomme néceffaire pour le délivrer?

Ai-je eu *tort* de lui porter les *vingt écus* que me donna pour lui une main charitable?

Ai-je eu *tort* d'être touché de le voir partager cette fomme avec d'autres infortunés, quand il étoit lui-même dans la plus grande détreffe, & que ce foible fecours ne fuffifoit pas à fes befoins?

Ai-je eu *tort* de le juger favorablement d'après ce trait, & de recevoir quelques vifites qu'il m'a faites depuis fa fortie de prifon, à titre de reconnoiffance?

Ai-je eu *tort* de croire l'hiftoire, vraie ou fauffe, du mariage dont il m'a parlé? Si quelqu'un le penfoit, qu'il fonge que je ne fuis peut-être pas la millieme perfonne qui ait eu ce *tort;* que l'hiftoire de ce mariage a été généralement répandue, prefque publique, & crue par-tout : les amis du Baron de Fages, fes connoiffances, fes camarades s'en entretenoient, comme de la chofe la plus certaine (1) ; & mes accufateurs eux-mêmes, les fieurs Loque (2) & Vaucher, ne l'ont-ils pas crue tout auffi aifément, tout auffi fermement que moi ?

Ai-je eu *tort* de vouloir obliger le fieur d'Etienville, en confentant à recevoir en dépôt les titres de nobleffe du futur, dont on devoit prendre communication dans mes mains ?

Ce premier dépôt fait, & toujours dans la perfuafion où j'étois de la vérité du mariage, ai-je eu *tort* de recevoir un fecond dépôt, le paquet cacheté, que l'on m'affuroit être un dédit de 30,000 liv. ? Qu'eft-ce que cela avoit de fufpect ?

Ai-je eu *tort* d'envelopper ce paquet avec précaution, de le faire fceller du propre cachet du fieur d'Etienville, & d'y mettre une fufcription, afin qu'il fût fûrement rendu, en cas d'accident, à celui de qui je le tenois ? Toutes ces précautions ont été prifes, tout cela s'eft fait en préfence & de l'aveu du Baron de Fages, feul intéreffé.

Ai-je eu *tort* de répondre à ceux des fourniffeurs qui font venus m'interroger fur l'exiftence de ce dédit, fur la fomme à laquelle il fe montoit, fur l'honnêteté du Baron de Fages & du fieur d'Etienville, que le paquet m'ayant été remis cacheté, je n'avois pas vu ce qu'il contenoit ; que le fieur d'Etienville m'avoit dit, en me le remettant, en préfence du Baron de Fages qui paroiffoit le croire, que

______

(1) Les fieurs Bernard *ont dû dépofer* qu'ils en avoient entendu parler, à Verfailles & à Paris, à des Gardes du Roi & de Monfieur.

(2) Le fieur Loque a appris le mariage à dîner chez une perfonne très-honnête, & n'a pas héfité à le croire.

dans ce paquet, étoit un dédit de 3 0,00 0 liv. payables en cas
de rupture du mariage; que je n'avois point de raifon de foupçonner la probité du Baron de Fages ni du fieur d'Etienville,
quoique je ne les connuffe pas depuis fort long-temps?

Ai - je eu *tort* d'accepter l'invitation que le Baron de
Fages m'a faite, à titre d'honnêteté, de lui donner la béné-
diction nuptiale? Et pourquoi lui aurois - je refufé mon
miniftere en cette occafion (1)?

Ai - je eu *tort* enfin de rendre fans difficulté le paquet
cacheté au fieur d'Etienville qui l'avoit dépofé dans mes
mains, quand aucune oppofition ne me les lioit, quand
je ne pouvois refufer de le remettre, quand il avoit toujours
été convenu, en préfence du Baron de Fages, que le paquet,
nommé *dédit*, feroit remis par moi au fieur d'Etienville à
toute réquifition?

Voilà pourtant, depuis la premiere jufqu'à la derniere,
toutes mes actions, toutes mes paroles dans cette malheu-
reufe affaire . . . Je ne fais fi je m'aveugle; mais, dans
ce tableau fidele de ma conduite, je ne vois pas un feul
trait qui ait dû donner matiere à des foupçons, qui puiffe
me rendre répréhenfible ou fufpect, je ne dis pas aux
yeux de la loi, mais à ceux de la morale la plus févere.

Qu'on daigne fe mettre un moment à ma place, & juger
chacune de mes démarches, non pas d'après l'événement,

____

(1) J'obferve que j'eus le foin d'avertir que j'exigerois la repréfentation
des pièces & l'accompliffement des formalités néceffaires & d'ufage, la
permiffion de Mgr. l'Archevêque, la publication ou la difpenfe des
bans, le confentement des Curés des paroiffes des contractans, & la
préfence du Curé du lieu où fe feroit le mariage, lequel écriroit de fa
main l'acte de célébration.

mais à l'inftant où je l'ai faite. Une premiere circonftance, dans laquelle je rempliffois mon devoir, m'a fait rencontrer d'Etienville ; enfuite eft venu le défir de le faire fortir de prifon, le fecours que je lui ai procuré, le trait de générofité que je lui ai vu faire, l'envie de l'obliger, le dépôt des titres, &c. Un événement en a ainfi amené un autre ; & toujours certain de la pureté de mes intentions, ne voyant, ne pouvant voir, dans le rôle paffif que je jouois, rien qui dût me compromettre, j'ai agi, j'ofe le croire & le dire, comme auroit agi tout honnête homme qui fe feroit trouvé dans la même pofition que moi. Et fans avoir commis ni délit, ni faute, ni imprudence même, j'ai le malheur d'avoir un procès !

Lecteur, vous connoiffez à préfent ma caufe auffi bien que moi ; je vous l'ai expofée fidelement : déjà je fuis jugé ; prononcez : ne fuis-je pas abfous ? Oui, j'ofe m'en flatter. Vous dites : « C'eft un honnête homme » ; & vous me plaignez ; & je vous rends grace de ce fentiment ; il fert à ma confolation.

§. I I I.

Faits faux & calomnieux, & termes injurieux, imprimés & publiés contre moi par les fieurs Loque & Vaucher.

Il faut donc que je rempliffe la tâche rebutante de parcourir les injures, les menfonges que je trouve confignés contre moi dans un Mémoire imprimé !

A préfent que j'ai prouvé que chacune des injures publiées à mon fujet par mes accufateurs eft une calomnie, je puis les répéter, finon fans dégoût, au moins fans crainte ; elles ne feront aucune impreffion défavorable pour moi : des traits émouſſés par ma juſtification ne peuvent plus me bleſſer.

On cite d'abord (1) une lettre de d'Etienville, qui porte, dit on : *M. Loque a été s'affermir en voyant Dom Mulot, qui lui a aſſuré qu'il pouvoit compter ſur 18,000 liv. qui reſtoient ſans engagement, ſur le dédit qui a été fait à votre profit.*

Ce fait, répété dans une déclaration dont il ſera queſtion dans un moment, eſt faux ; je n'ai point *aſſuré* au ſieur Loque qu'il reſtât 18,000 liv. de libres ſur le dédit, parce que je n'étois pas sûr du montant du dédit, pas même de ſon exiſtence.

Que l'on prenne bien garde que le ſieur d'Etienville n'atteſte pas, pour l'avoir entendu de ma bouche, que j'aye *aſſuré* au ſieur Loque qu'il y avoit 18,000 liv. de libres ; il dit ſeulement : *M. Loque a été s'affermir en voyant M. Mulot, qui lui a aſſuré,* &c. Donc il ne parle ainſi que d'après le ſieur Loque, & parce que ce dernier lui a dit que je lui avois *aſſuré* 18,000 liv. de libres.

Que l'on veuille bien encore ſe rappeler que le ſieur Loque avoit fait toutes ſes fournitures en Avril & en Mai, & que c'eſt le 31 Juillet, deux mois après, qu'il eſt venu chez moi pour la première fois ; que par conſéquent je n'ai pu contribuer à *lui eſcroquer* ſes marchandiſes, en le décidant à les livrer. Il prétend donc ſeulement que je lui ai *aſſuré*, de ſcience certaine, qu'elles lui ſeroient payées : & moi je nie le lui avoir *aſſuré*. Il produit contre moi la déclaration ſuivante.

Il n'a pas été bien difficile de la faire telle qu'elle eſt, cette déclaration. Le Mémoire du Baron de Fages avoit

---

(1) Page 15 du Mémoire des ſieurs Vaucher & Loque.

paru ; on y avoit vu cité ce fragment de lettre du sieur d'Etienville : on l'a saisi ; & après l'avoir lu, le sieur Roux, Huissier , qui étoit venu chez moi avec le sieur Loque , a donné, le 31 Mars 1786 (1), une déclaration de ce qu'il croit m'avoir entendu dire le 31 Juillet 1785 , huit mois auparavant !

Quelle foi mérite un témoin dévoué au sieur Loque , son Huissier , sur des allégations proposées par lui *seul* , & dont je vais faire voir qu'au moins une partie est nécessairement fausse ? Quant au surplus, ma justification est dans l'information, qui prouve que je n'ai jamais rien *assuré*; que j'ai dit que *je croyois* : & il me semble que je puis l'opposer avec confiance à une déclaration faite exprès pour la cause.

Suivant cette déclaration, j'ai répondu, que *j'étois dépositaire du dédit*. — A la bonne heure, *du dédit*, ou du paquet auquel on a donné ce nom; *que ce dédit contenoit en même temps promesse, au cas d'exécution du mariage , de donner au Baron de Fages , en faveur de ce même mariage , une somme de 100,000 liv. une fois payée , & 600 livres de rente* . . . Voilà ce qui est nécessairement faux , ce que personne n'avoit encore dit dans l'affaire jusqu'au sieur Roux : ni le Baron de Fages , ni d'Etienville , ni les sieurs Vaucher & Loque dans leurs plaintes , ni aucun des témoins , n'ont supposé que le paquet renfermât autre chose qu'un dédit ; & tous (excepté le sieur Thiébault, qui a prétendu que le Baron de Fages lui avoit fait croire la somme beaucoup plus considérable) se sont réunis à dire

---

(3) V. cette déclaration du sieur Roux à la fin du Mémoire des sieurs Loque & Vaucher.

qu'ils

qu'ils n'avoient jamais penſé que ce dédit fût de plus de 30,000 liv. Je prends donc, dès ces premieres lignes, le ſieur Roux en menſonge; & je détruis ſa déclaration par celles contraires de toutes les perſonnes ſans exception qui ont paru dans l'affaire.

La déclaration continue, *Que j'ai répondu que les 30,000 livres de dédit ſeroient, à tout événement, payées au ſieur d'Etienville : mais que les choſes étoient trop avancées pour que ledit mariage ne s'effectuât point ; que ſon exécution ne dépendoit plus que du parfait payement du prix d'une terre conſidérable, dont partie étoit déjà dépoſée ès mains d'un Notaire ; que, dans tous les cas, il n'y avoit encore que 12,000 liv. engagées ſur les 30,000 liv., & que les 18,000 liv. reſtantes pouvoient être payées au ſieur Loque, à compte de ſa créance, ſi le ſieur d'Etienville, qui devoit les recevoir pour en compter audit ſieur Baron de Fages, vouloit s'obliger à ſe rendre ſa caution .... que ledit ſieur d'Etienville étoit un parfait honnête homme, & en qui on pouvoit avoir la confiance la plus entiere ..... J'ai pu dire que je croyois* que le dédit de 30,000 liv. ſeroit payé au ſieur d'Etienville, parce que je l'avois moi - même entendu dire ainſi au ſieur d'Etienville & au Baron de Fages; j'ai pu dire que je *croyois* le ſieur d'Etienville honnête homme, quoique je le connuſſe peu : mais je n'ai pas dit qu'*il reſtoit 18,000 livres de libres*, &c. J'invoque toujours les déclarations du Baron de Fages & du ſieur d'Etienville dans leur Mémoire, celles des ſieurs Loque & Vaucher eux-mêmes dans leurs plaintes, les dépoſitions enfin de tous les témoins : il en réſulte que je n'ai rien *aſſuré*, rien dit de moi-même; que j'ai toujours parlé par ouï-dire, jamais d'une maniere affirmative.   F

Enfin l'Huiſſier déclare *qu'il a conſeillé* au marchand *de ne pas former oppoſition dans mes mains , parce que je n'avois rien à recevoir*. . . . Si l'Huiſſier a conſeillé cela, il a eu raiſon : il falloit bien que je remiſſe le dédit (ſi c'en étoit un) au ſieur d'Etienville , pour qu'il pût en toucher le montant. Cependant Vaucher ſe plaint fort de ce que je l'ai remis. Ainſi, ſuivant le ſieur Loque ou ſon Huiſſier, je devois rendre le dédit ; ſuivant le ſieur Vaucher, je devois le garder : c'eſt ainſi qu'ils s'entendent entre eux ; ils ne ſavent être d'accord que pour m'outrager.

Je vois dans une note de leur Mémoire : *Cet Eccléſiaſtique* (1) *avoit la charité de cautionner tous les marchands qui ſe préſentoient , ſur ce dédit qu'il prétend aujourd'hui n'avoir jamais vu , & dont il certifioit la ſomme, les conditions , & les échéances.*

J'ai répondu ci-devant (2) à cette note. Je ne *certifiois* rien : on m'avoit remis un paquet *cacheté*, je le diſois ; on m'avoit dit qu'il renfermoit un dédit de 30,000 livres, & je *certifiois* qu'on me l'avoit dit.

Le ſieur Bernard alla voir l'abbé Mulot (3) ; *il le trouva dans la ſacriſtie , & prêt à dire la meſſe. L'inſtant & le lieu ſont remarquables : l'abbé Mulot l'aſſura qu'il avoit entre ſes mains un dédit de 30,000 livres , &c.* . . . .

Voilà une impoſture formelle, démentie par le ſieur Bernard lui-même, qui a dépoſé que je lui ai répondu que j'avois dans les mains un dédit d'une ſomme *conſéquente*, que *je croyois* être de 30,000 livres : donc je ne lui ai pas

---

(1) Page 15 du mémoire des ſieurs Vaucher & Loque.

(2) Voyez ci-devant la note au bas de la page.

(3) Page 17 du Mémoire des ſieurs Vaucher & Loque.

affuré qu'il fût de cette fomme. Je n'ai point parlé au fieur Bernard dans la *facriftie* où il m'a trouvé ; j'en fuis forti avec lui, pour ne pas le retenir, & répondre fur le champ aux queftions qu'il vouloit me faire.

J'ai vu le fieur Vaucher, d'abord en préfence du fieur d'Etienville, le lendemain feul ; on me fait répondre (1) *pertinemment* à fes queftions, que le *paquet que je lui avois montré cacheté contenoit un dédit de 30,000 livres, que je connoiffois les perfonnes, qu'elles étoient en état de payer.....* enfin on me fait *promettre au fieur Vaucher de ne rendre le dédit qu'après l'avoir averti.*

Toujours la même explication : en montrant le paquet *cacheté*, j'ai dit qu'il m'avoit été remis de la forte ; donc je n'ai rien *affuré* fur ce qu'il renfermoit. Quant à la promeffe d'avertir le fieur Vaucher avant de rendre le dédit, je ne l'ai pas faite, je ne pouvois pas la faire, fans manquer à la loi du dépôt, qui veut que le dépofitaire rende au dépofant à toute réquifition. Il eft bon d'obferver encore que le fieur Vaucher n'avoit pas dit un mot de cette prétendue promeffe de ma part dans fes deux plaintes ; ce trait d'imagination ne lui eft venu qu'au moment de faire faire fon Mémoire. Enfin j'invoque toujours l'information. La dépofition du fieur Pierre Bernard & le filence des autres témoins font ma juftification complette.

Le Chanoine de Saint - Victor (2) *déclara qu'il avoit, fans aucune difficulté,* DOLO SIMILLIME, *rendu le dédit, fur la déclaration de d'Etienville que l'affaire touchoit à fa con-*

---

(1) Pag. 22 du même Mémoire.
(2) Page 29 du Mémoire des fieurs Loque & Vaucher.

clufion, que *les parties étoient chez le Notaire pour figner le contrat de mariage*, & *que le dédit, déformais inutile, alloit être annullé.*

Oui, j'ai rendu le paquet nommé *dédit* fans aucune difficulté : mais y a-t-on penfé, de dire *dolo fimillime* ? J'ai déjà fait voir que, dans la circonftance où je me trouvois, je ne pouvois me refufer de rendre le paquet au fieur d'Etienville, que mon refus auroit été *un dol*, aux termes de la loi que j'ai citée. Quant au refte de la phrafe, il eft équivoque. Veut-on dire que je déclarai que le fieur d'Etienville m'avoit dit, en me retirant le dépôt (non pas que les parties étoient déjà chez le Notaire pour figner ce contrat) mais que l'affaire touchoit à fa conclufion, & que le dédit alloit devenir inutile & nul ? On a raifon ; car d'Etienville m'avoit dit cela, & j'ai pu le répéter, comme venant de lui. Mais veut-on faire entendre que j'ai affuré ces circonftances, comme en ayant une connoiffance directe & perfonnelle ? on a tort, & on en impofe. D'ailleurs, ni Loque ni Vaucher dans leurs plaintes, ni Bernard dans fa dépofition, n'avoient ofé m'attribuer ces difcours ; en forte que c'eft encore une calomnie de plus, inventée exprès pour être confacrée à l'impreffion & publiée dans le Mémoire.

Après avoir adreffé (1) *au complaifant Eccléfiaftique les reproches qu'il méritoit, & qui n'étoient qu'un fignal des reproches de la Juftice. . . .*

Quelles expreffions ! & combien elles m'offenferoient, fi j'étois coupable !

____

(1) Page 29 du Mémoire des fieurs Loque & Vaucher.

D'Etienville, de retour à Paris (1), *voit un moment l'esti-mable Abbé Mulot, qui l'appelle mon cher d'Etienville, & qui lui dit aussi : Vous n'avez rien à craindre.* . . . . C'est sur la foi de d'Etienville seul, que l'on assure que je lui ai fait un si bon accueil. Mais le Chevalier de Précourt étoit présent ; ce fut lui qui m'amena, comme je l'ai déjà dit, d'Etienville, que je reçus, non pas chez moi, je ne le voulus pas, mais à la porte de notre maison : je lui parlai honnêtement, mais avec froideur & sévérité.

Je trouve au chapitre de d'Etienville : *C'est lui qui avoit donné à l'abbé Mulot l'HONORABLE EMPLOI de certifier l'authenticité du dédit à tous les marchands qui se présenteroient.*

Toujours des injures & des calomnies ! Mais j'ai répondu à tout cela déjà plusieurs fois, & je suis las de répétitions.

Je n'analyserai point le chapitre intitulé de mon nom dans ce Mémoire ; ce seroit me jeter dans des longueurs inutiles, & plus fatigantes encore pour mes lecteurs que pour moi : j'y observerai seulement encore un mensonge qu'il faut relever : *Il est prouvé que l'Abbé Mulot a dit à cinq personnes que le dédit étoit de 30,000 liv.* . . . . . . Cela est fort : comment l'aurois-je dit à *cinq* personnes ? Je n'en ai vu que *quatre*, le sieur Vaucher, l'un des freres Bernard, le sieur Loque, & le sieur Roux son Huissier ; & il est prouvé que j'ai dit que *je croyois* le dédit de 30,000 liv.

Enfin je ferai remarquer quelques expressions par lesquelles ce chapitre est terminé : *Peut-on supposer qu'un Prêtre, un Religieux en impose ainsi à sa propre conscience, sans intérêt,*

____

(1) Page 32 du même Mémoire.

ſans intention de tromper ? L'Abbé Mulot eſt très-répréhen-
ſible. Il eſt plus coupable que les autres , parce que c'étoit
de lui qu'on devoit attendre plus de vertus , d'honnêteté , &
de délicateſſe. . . . Lui ſeul a trompé les marchands , parce
que ſeul il pouvoit décider leur confiance. . . . Ils devoient croire
ce que diſoit un Prieur de l'abbaye de S. Victor.

Voilà l'amas d'horreurs qu'on a fait lire au public contre
moi ! . . . Heureuſement il lira ma juſtification , il en ſera ſa-
tisfait ; & ſa juſte indignation , que dis-je ? l'arrêt qui doit
intervenir, me vengera. Ma réputation ne ſera point effleurée,
& mes indiſcrets , mes cruels calomniateurs , condamnés à
des réparations qu'ils me doivent bien , ne recueilleront ,
pour fruit de leur accuſation contre moi , que la confuſion &
la honte de l'avoir mal à propos intentée ſans la moindre
preuve.

J'AI fini. Je demande à tous les honnêtes gens ſi dans
ma conduite, que j'ai expoſée avec exactitude , ils ont trouvé
un ſeul trait équivoque & qui bleſſe la morale la plus ſévere ,
la délicateſſe la plus ſcrupuleuſe ?

Je demande aux Juriſconſultes en particulier ſi j'ai
manqué aux lois du dépôt , en remettant au dépoſant ce
qu'il m'avoit confié , lorſqu'il me l'a redemandé , & qu'aucune oppoſition ne formoit dans mes mains obſtacle à cette
remiſe ?

Si je pouvois refuſer de le rendre , ſans manquer à ces
mêmes lois du dépôt dont on a voulu argumenter contre
moi ?

Si j'ai commis l'ombre d'un *délit ,* en diſant à ceux qui
ſont venus m'interroger ſur l'exiſtence de ce dépôt dans mes

mains , fur la fomme du dédit qu'il renfermoit, fur la folvabilité des perfonnes qui l'avoient figné , fur la probité de
celle qui me l'avoit remis, que le paquet m'avoit été confié
cacheté ; que par conféquent j'en ignorois le contenu , ou
que je ne le connoiffois que fur parole ; que l'on m'avoit dit
qu'il renfermoit un dédit de 30,000 liv. ; que je n'avois point
de raifon de foupçonner la bonne foi de celui qui m'avoit
donné ces éclairciffemens ?

Enfin fi j'ai à craindre les fuites de l'accufation & l'événement du procès , lorfqu'il réfulte clairement des plaintes
mêmes rendues par les fieurs Loque & Vaucher, & de toute
l'information, que ce n'eft point du tout la confiance qu'ils
difent que je leur ai infpirée, qui les a décidés à faire les
fournitures ; que je ne leur ai jamais parlé comme ayant une
connoiffance directe & perfonnelle des faits , mais toujours
en ajoutant que *je croyois* , que j'avois *ouï dire* , que je ne
faifois que répéter ce que m'avoient dit, foit le Baron de
Fages , foit le fieur d'Etienville ?

Je leur demande fi les fieurs Loque & Vaucher , mes
accufateurs, par *les faits faux & calomnieux* , *par les termes
injurieux* qu'ils ont confignés contre moi dans leur Mémoire imprimé , ne m'ont pas donné de trop juftes droits de
pourfuivre contre eux une réparation proportionnée à l'offenfe qu'ils m'ont faite ?

Et quelle offenfe !¯... l'idée en eft infupportable. Il n'a
pas tenu à eux de me rendre fufpect , de me décrier ! Parce
qu'ils craignent de perdre de l'argent, ils ont voulu me
ravir l'honneur, à moi qui n'ai point contribué à *l'efcroquerie*,
(fi c'en eft une) qu'on leur a faite ! ... Hommes intéreffés &
injuftes !.... Mais je dois & je veux pardonner. Je demande

une réparation publique, parce que mon honneur attaqué l'exige ; je demande des dommages-intérêts que la loi m'accorde, non pas pour en profiter : s'il m'est permis de former un vœu à ce sujet, je désire qu'ils soient appliqués au profit des pauvres prisonniers de ce même hôtel de la Force, où je suis allé, conduit par mon devoir, & où j'ai trouvé l'origine d'un procès, en cherchant l'occasion d'une bonne œuvre !
Signé F. MULOT, Chanoine Régulier de S, Victor.

M^e. ANDRIEUX, Avocat.

DUMORTOUS, Procureur.

CONSULTATION.

LE CONSEIL qui a lu le Mémoire, ESTIME: Que la justification du sieur Mulot, sous les deux points de vue qu'a embrassés son Défenseur, ne pouvoit pas être plus complette.

Délibéré à Paris, ce 28 Mai 1786.

HARDOUIN. PONS,

FAUTE A CORRIGER.

Pag. 8, lig. 17 & 18. *Cela se passoit vers la fin de 1784, &c. ;* lisez vers la fin de 1784 & le commencement de 1785.

Dans les derniers jours de février & les premiers de mars, d'Etien ville, &c.